Carola Bleis

Rückenschule für Kinder

- lass dir Flügel wachsen -

Lass dir Flügel wachsen
gesunder Rücken - ein Kinderspiel

Ganz einfach – **beweglich**, **stark**, gesund

Kinder spielerisch motivieren

und dabei spielend in Bewegung kommen

Spaß für Kinder, Eltern, Erzieher und alle anderen

Gesunder starker Rücken – gesunde starke Kinder!

Bewegung macht Spaß

Vorwort
Es ist gut, einen starken Rücken zu haben!

An eine starke Schulter möchten wir uns manchmal gern anlehnen, ein breites Kreuz haben, an dem alles abprallt. Oder wir würden gern jemanden kennen, der uns den Rücken stärkt. Diese Sätze sind eindeutig, aber auch doppeldeutig. Erinnern wir uns, welche Lasten ab und an auf beide Schultern verteilt werden müssen. Da ist es natürlich von Vorteil, gestärkt und stabil zu sein. Und gut, wenn das eine oder andere Unangenehme an unserem Rücken abprallen kann und wir dadurch weniger leicht in Stress geraten. Schön, wenn wir im Leben immer wieder jemanden finden, der uns unseren Rücken stärkt, damit wir den Alltag meistern können. Aber dennoch müssen wir einen großen Teil der Rückenstärkung selbst übernehmen. So können uns die alltäglichen körperlichen und psychischen Lasten leichter den Buckel herunterrutschen oder sie lassen sich zumindest besser schultern. Ein guter Grund, unseren Rücken und damit den gesamten Körper zu kräftigen. Körperliche Stärke geht häufig mit psychischer Stärke einher. Wenn wir gesund und stark sind, fühlen wir uns entsprechend wohl. Das signalisieren wir mal mehr, mal weniger bewusst unserer Umwelt und werden dadurch viel weniger angreifbar - sowohl physisch als auch psychisch.

Wenn wir unsere Gesundheit durch Bewegung schützen und stützen, stabilisieren wir uns körperlich und auch geistig. Es entsteht ein positiver Kreislauf von Körperaktion und gesunder Körperreaktion. Bei Erwachsenen und Kindern verschwindet manches Zipperlein, indem etwas für den Körper getan wird. Und auch schlechte Laune lässt sich leicht „wegbewegen". Kinder werden durch Bewegung selbstbewusst. Sie stärken ihren Körper und ihre geistigen Fähigkeiten. Bewegung unterstützt sie beim Lernen, denn durch unterschiedliche Körperaktionen entstehen Verknüpfungen zwischen Nervensträngen im Gehirn, was die Aufnahmekapazität deutlich vergrößert. Grundsätzlich gilt für Jung und Alt: Das Gehirn, ja, der gesamte Körper ist durch Bewegung besser durchblutet, der Stoffwechsel wird angekurbelt, wir sind gesünder und widerstandsfähiger. Und auch die Aktivierung unterschiedlicher Hirnareale ist das Ergebnis von Bewegung.

Kinder bewegen sich sehr gern

Einleitung

Kinder sind, wenn wir sie mit Freude einladen, ganz einfach zu motivieren. Das wissen Sie, liebe Eltern, liebe Erzieher, am besten. Am meisten profitieren Kinder natürlich von einem guten Vorbild, das wir als Eltern und Erwachsene sein sollten. Und wenn wir unseren Kindern den nötigen Freiraum lassen, entwickelt sich in ihnen ein immenser Bewegungs- und Forscherdrang. Vieles können wir mit unserer nicht zu unterschätzenden Vorbildfunktion erreichen, wenn wir ihnen die Dinge ganz einfach und selbstverständlich vorleben und sie so mit den Kindern gemeinsam erleben. Kinder bewegen sich ausgesprochen gern. Sie haben aus Sicht der Erwachsenen erstaunlich viel Energie und es bereitet ihnen sehr viel Freude, etwas auszuprobieren, bei dem es Neues zu entdecken gibt. Das Schönste ist natürlich, wenn sie Eltern, Geschwister oder auch Großeltern und Freunde in das Entdeckungsspiel einbeziehen. Neuigkeiten teilen und mitteilen können. So kann sich dann auch gleich die gesamte Familie dabei wohlfühlen. Und vielleicht können ja auch die Erwachsenen hierbei die eine oder andere Neuentdeckung machen.

Freude an Bewegung haben

Probieren Sie es aus. Lassen Sie sich und Ihre Kinder einladen zu einem Bewegungs- und Entspannungsspaß, bei dem es Unterschiedlichstes zu entdecken gibt.
Viel Vergnügen!

Der Körper stellt sich vor
Die Muskulatur

Ein Mensch hat ungefähr sechshundertfünfzig Muskeln. Viele einzelne Muskelfasern bilden ein Muskelfaserbündel, viele Muskelfaserbündel bilden dann den Muskel.

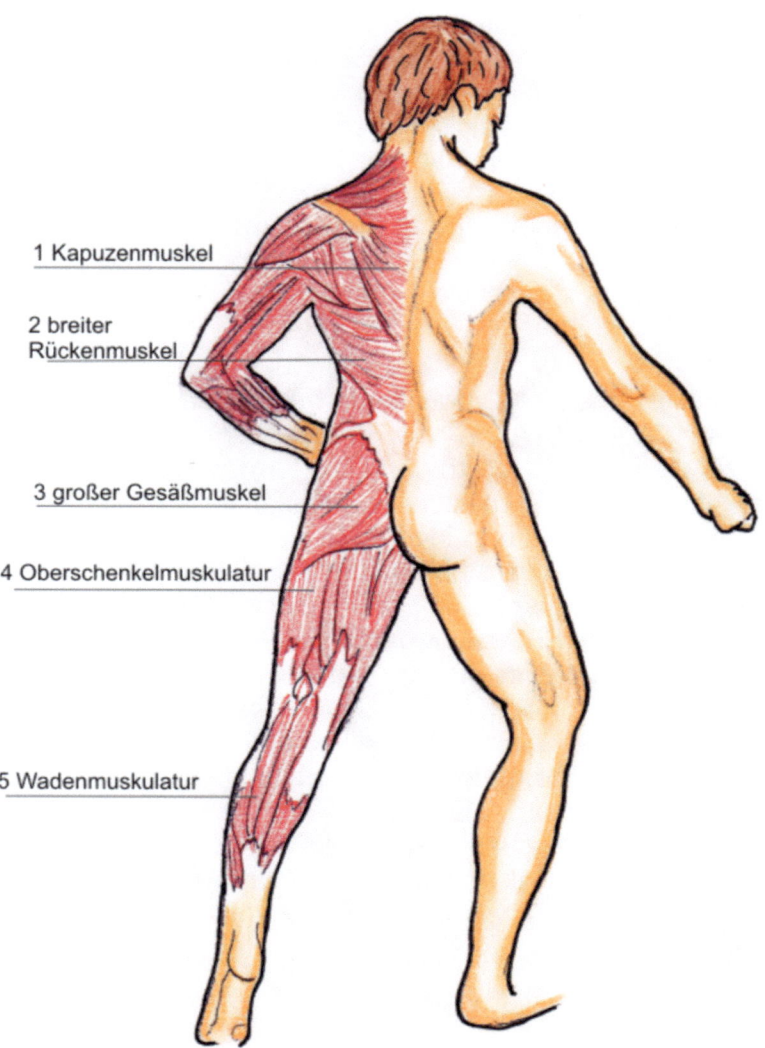

1 Kapuzenmuskel

2 breiter Rückenmuskel

3 großer Gesäßmuskel

4 Oberschenkelmuskulatur

5 Wadenmuskulatur

Einige Muskelgruppen

Durch bestimmte Impulse vom Gehirn, kann die Muskulatur in Bewegung kommen. Dazu benötigen wir außer unserer Muskulatur, auch unsere Knochen und die Gelenke. Schickt das Gehirn nun einen Impuls, wird dieser über Nervenbahnen weitergeleitet zu dem Muskel, der in Bewegung geraten (kontrahieren) soll. So können wir zum Beispiel den Arm beugen und strecken, gehen, stehen und vieles mehr. Alles weil Muskulatur, Knochen und Nerven gut zusammenarbeiten. Der abgebildete Kapuzenmuskel, (er hat seinen Namen, weil er wie eine Kapuze den oberen Rücken bedeckt) und der breite Rückenmuskel stärken unseren Rücken. Sie sorgen auch dafür, dass wir „gerade" stehen oder sitzen. Der große Gesäßmuskel, die Oberschenkel- und Wadenmuskulatur helfen uns beim Laufen, Schwimmen oder Rad fahren. Durch Bewegung wird die Muskulatur gut ernährt. So bleibt sie gesund und wird gekräftigt.

Das Skelett

Ein Mensch besitzt mehr als zweihundert Knochen und viele unterschiedliche Gelenke. Allein die Wirbelsäule besteht aus vierundzwanzig einzelnen Wirbelkörpern. Die türmen sich, ähnlich wie ein Turm aus kleinen Bausteinen übereinander. Verbunden sind die einzelnen Wirbel durch kleine Muskeln. Sie halten die Wirbelsäule, wie eine Säule stabil wenn wir aufrecht stehen. Andererseits sorgen die Muskeln im Bereich der Wirbelsäule aber auch dafür, dass wir im Rücken beweglich sind, uns nach vorn oder hinten beugen, zu Seite drehen und andere Bewegungen ausführen können. Elastisch wird das Ganze durch die Zwischenwirbelscheiben, auch Bandscheiben genannt. Die Wirbelsäule hat viele kleine, gelenkige Verbindungen von Wirbel zu Wirbel und zum Brustkorb. Damit die immer so gelenkig und auch gesund bleiben, brauchen wir Bewegung. Aber auch die anderen Knochen und Gelenke unseres Körpers benötigen Bewegung, um gut ernährt zu werden. Einige von ihnen sind in der Grafik abgebildet.

Das Skelett und einige Gelenke

Allein eine Hand hat mehr als zwanzig Knochen. Und auch ein Fuß besitzt mehr als zwanzig einzelne, ganz unterschiedliche Knochen. Zählen Sie doch einmal nach, auch wenn sie bei dieser Grafik nicht alle zu sehen sind.

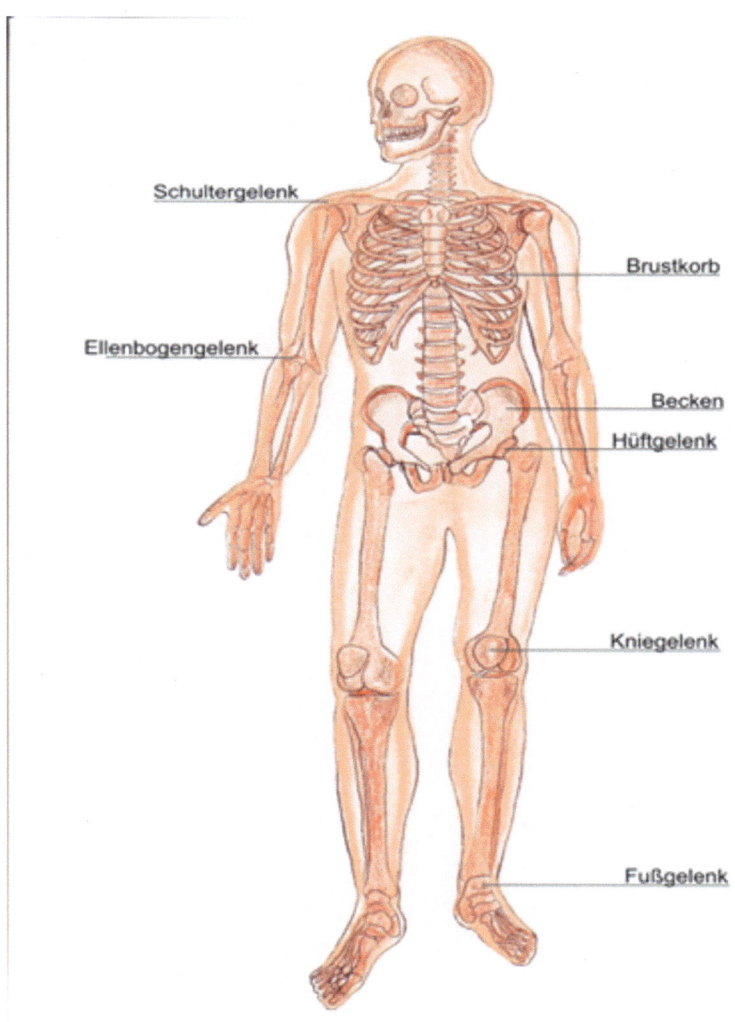

Das Skelett besteht aus mehr als zweihundert Knochen

Die inneren Organe

Bewegung unterstützt die Funktion der Organe. Funktionierende Organe sichern unsere Gesundheit.

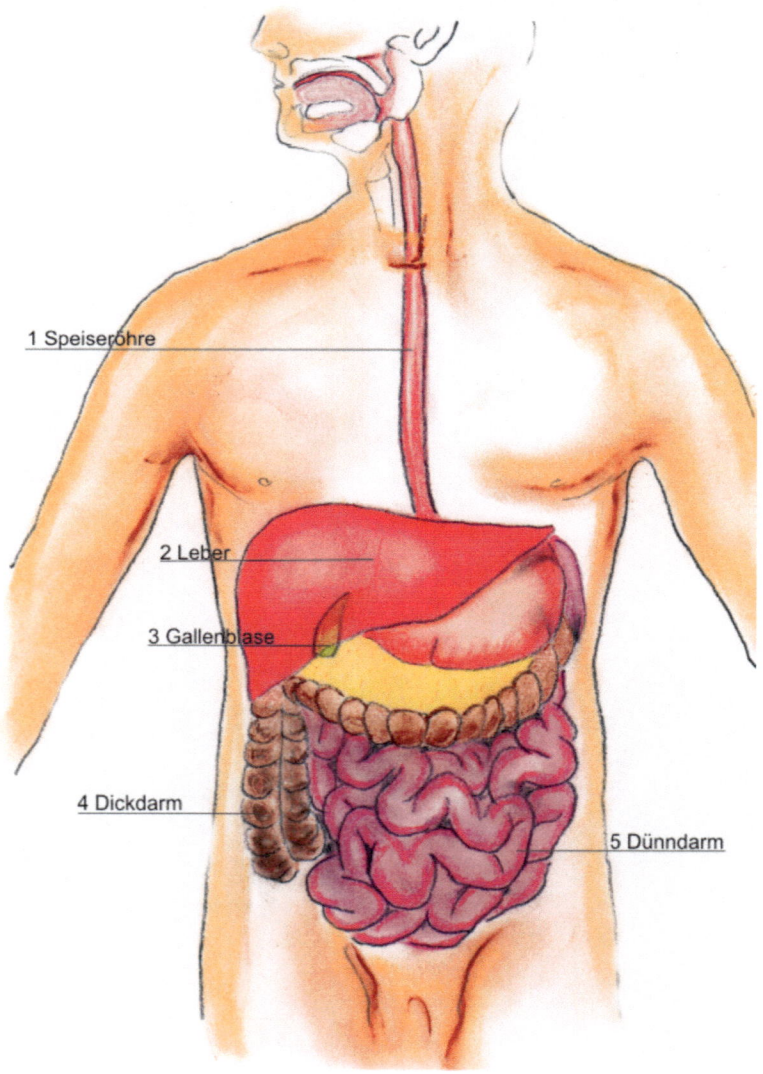

Die menschlichen Organe

Bewegungsspiele

Die einfachste Form, Kinder in Bewegung zu bringen, ist eine spielerische. Beim Spiel Bewegung zu erfahren, macht sicher nicht nur Kindern, sondern auch Erwachsenen Freude. Bewusste Wahrnehmung kann ausgewogenes Bewegen in sehr positiver Weise unterstützen.

Einfach spielerisch in bewegen

Wahrnehmungsspiele

Dort, wo die Aufmerksamkeit „sitzt", fließt die Energie. Das klingt logisch, aber was bedeutet das? Das heißt, wir können ganz bewusst Funktionen des Körpers mit dem Lenken von Aufmerksamkeit beeinflussen. Spannend, nicht wahr? Aber was nützt oder wobei hilft uns das? Nun, denken Sie mal an einen Muskelkater nach einem Fußballspiel oder an die kleine Wunde, die der Milchzahn beim Verschwinden hinterlassen hat oder die Brandblase, die wir uns versehentlich an der noch heißen Herdplatte geholt haben. Diese Störungen können wir mit unserer Aufmerksamkeit so oder so beeinflussen. Wir verstärken sie, wenn wir ihnen besondere Aufmerksamkeit schenken.

Auf den Fersen gehen

Wir mildern sie, wenn wir unsere Aufmerksamkeit anderen Dingen oder Körperregionen widmen. Auch die Beweglichkeit und eine verbesserte Funktion der Gelenke sind durch geschulte Aufmerksamkeit zu unterstützen. Das bedeutet: Wenn wir aufmerksam und bewusst Bewegungen ausführen, erhöhen wir die Effektivität der Bewegung. Das gilt für alle Bewegungen, bekommt aber besonders bei den nachfolgenden Wahrnehmungsspielen Bedeutung.

Spitzen- und Fersengang
Die Übung kann allein oder mit anderen gemeinsam gemacht werden. Sie ist ganz einfach: Alle Teilnehmer stellen sich auf die Zehenspitzen beider Füße und schreiten so ganz langsam durch den Raum. Spüren Sie ganz genau, wie Sie beim Vorwärtsgehen mit den Zehen den Boden berühren. Setzen Sie alle fünf Zehen besonders aufmerksam auf dem Boden auf. Und spüren Sie, wie Sie auf Zehenspitzen und den vorderen Fußballen vorankommen.
Wie schnell können die Mitspieler auf den Fußspitzen gehen? Können sie auch laufen? Können sie auf Zehenspitzen schleichen und zwar ganz besonders leise? Jeder sollte das ausprobieren. Alle schleichen geräuschlos wie Katzen auf Zehenspitzen durch den Raum. Und gibt es auch einen Zehenspitzen – Rückwärtsgang? Ja, auch das geht, indem Sie ganz einfach auf den Fußspitzen bleiben und rückwärts durch den Raum gehen. Langsam und sachte setzen alle erst mit den Fußspitzen des einen Fußes und dann mit denen des anderen Fußes nach hinten auf und schleichen so auf Zehenspitzen rückwärts. Aber vorsichtig: hinten haben bekanntlich weder Erwachsene noch Kinder Augen.
Anschließend wechseln alle auf die Fersen. Ziehen Sie die Fußspitzen nach oben und gehen Sie auf den Fersen vorwärts. Können Sie und Ihre Familienbande den Rücken dabei aufgerichtet halten? Und können sich alle im Fersenlauf schnell vorwärtsbewegen?
Jeder sollte versuchen, auf den Fersen zu bleiben und die Schritte schneller werden zu lassen.

Auf Zehenspitzen

In gleicher Weise können Sie sich anschließend auch auf den Fußaußenkanten oder Fußinnenkanten durch den Raum bewegen. Dann überlegt jeder für sich: Welche Gangart war für mich persönlich die einfachste? Welche hat am meisten Spaß gebracht? Welche Gangart habe ich vielleicht als mühsam empfunden?

Worauf stehe ich?

Diese oder andere Gegenstände wurden zusammengetragen. Sie sollen mit verbundenen Augen ertastet werden. Entweder mit den Händen oder auch mit den Fußsohlen. Daraus wird ein Spiel, was die sensorische, wie auch die feinmotorische Wahrnehmung schult.

Bei der Auswahl der Gegenstände sind Ihrer Fantasie keine Grenzen gesetzt.

Diese Gegenstände sollen ertastet werden

Worauf stehe ich?

Die nächste Übung kann man gut zu zweit und natürlich auch wieder mit mehreren Teilnehmern machen. Es geht darum, mit der Sohle des Fußes zu spüren, welcher Gegenstand oder welches Material sich unter dem Fuß befindet, und zwar mit verbundenen Augen. Dafür benötigen Sie unterschiedliche Gegenstände aus dem Haushalt, aus der Natur oder aus dem Kinderzimmer: wie zum Beispiel einen Igelball, einen Softball, Watte, ein Handtuch, eine Decke, einen Kamm, ein Buch, einen Stift, Knöpfe, eine Zeitung, Kastanien, Tannenzapfen, Spielzeug oder was immer Ihnen einfällt. Tragen Sie die Gegenstände zusammen und machen Sie mit Ihrer Familie ein Spiel daraus: Jeder tut sich mit einem Partner (oder mehreren) zusammen.

Der erste Spieler zieht seine Strümpfe aus, danach werden ihm die Augen verbunden. Der zu ratende Gegenstand liegt auf dem Boden. Nun wird der Mitspieler herangeführt, so dass er mit der Fußsohle den Gegenstand berühren und ertasten kann. Mit verbundenen Augen soll er erraten, was unter seinem Fuß liegt. Stoppen Sie die Sekunden mit einer Uhr und notieren Sie die Zeit. Schauen Sie wie viel Zeit benötigt wird, um den Gegenstand zu erraten.

So bekommt ein Mitspieler nach dem anderen die Augen verbunden und darf einen Gegenstand mit der Fußsohle ertasten. Der Spieler, der die meisten Gegenstände in kürzester Zeit erraten hat, ist der Sieger. Sie können dieses Spiel variieren und zwar so: Alle Mitspieler setzen sich in einen Kreis auf den Boden, so dass die Rücken zum Kreisinneren zeigen und die Gesichter nach außen.

Alle schließen die Augen. Ein Mitspieler wird zum Spielführer ernannt. Er legt, ohne dass die anderen es sehen können, jedem einen Gegenstand hinter den Rücken. Wenn bei jedem Teilnehmer ein „Rateteil" abgelegt ist, dürfen die Spieler beide Hände nach hinten führen, um zu ertasten, was hinter ihrem Rücken liegt.

Auf einem Bein

Diese Spielübung können Sie ebenfalls mit der ganzen Familie oder mehreren Freunden machen. Dazu stellen sich erst einmal alle auf ihr rechtes Bein.

Auf einem Bein stehen

Das linke Bein, heben und beugen sie so, dass der linke Fuß gegen die Innenseite des rechten Unterschenkels drückt, so als würde er auf ihm stehen. Die Hände kommen in die Taille oder werden nach oben gestreckt. Jeder bleibt so lange auf dem rechten Bein stehen, wie er kann. Gewinner ist der, der die längste Zeit auf dem rechten Bein stehen konnte. Danach stellen sich alle in gleicher Weise auf das linke Bein und halten auch dort so lange wie möglich das Gleichgewicht.

Was ist das auf meinem Rücken?
Dieses Spiel können Sie zu zweit oder in Zweiergruppen ausführen. Der Spieler, der beginnen wird, setzt sich im Schneidersitz auf den Boden.

Etwas auf den Rücken „schreiben"

Der zweite Spieler kniet sich dahinter, so dass er den Rücken des anderen wie eine Schreib- oder Maltafel vor sich hat. Mit Zeige- und Mittelfinger der „Schreibhand" zeichnet er nun ein Symbol auf den Rücken des vor ihm sitzenden Spielers. Und dieser darf raten, um was es sich dabei handelt.

Bei der Auswahl der Symbole sind der Kreativität keine Grenzen gesetzt. Es können Buchstaben sein, Tiere oder Gegenstände. Bevor das Spiel beginnt, legen die Beteiligten fest aus welcher Kategorie geraten werden soll, Buchstaben, Tiere oder Gegenstände. Um den Gewinner zu ermitteln, stoppen Sie wieder die Zeit, in der die Partner richtig geraten haben. Danach werden die Rollen getauscht und der „Maler" wird zum „Rater".

Wo ist meine, wo ist deine Wirbelsäule?

Liebe Kinder, liebe Eltern, zu dem Thema Wirbelsäule und Knochen gibt auf Seite 13 und 14 etwas zu lesen. Dort ist beschrieben und gezeichnet, wie die Wirbelsäule aufgebaut ist und was für die Funktion dieser Mittelachse des Rückens sonst noch wichtig ist. Wenn ein Mensch steht oder sitzt, türmen sich viele kleine einzelne Wirbelkörper übereinander. Wenn wir liegen, können wir die Wirbelsäule mit einer Perlenschnur vergleichen. Vierundzwanzig einzelne Wirbel reihen sich aneinander. Nach hinten zum Rücken hin haben diese Wirbelkörper Dornfortsätze. Das sind kleine knöcherne Fortsätze, ähnlich wie die Dornen einer Rose. Natürlich sind die Dornfortsätze der Wirbel nicht ganz so spitz wie Rosendornen. Man kann sie aber fühlen, wenn man über die Mitte des Rückens streicht. Probieren Sie das mit Ihren Kindern aus: Beginnen am Hinterkopf und tasten Sie langsam die Wirbelsäule hinunter bis zum Becken. Lassen Sie Ihre Kinder die Wirbelsäule eines anderen Menschen ertasten. Zählen Sie gemeinsam nach, ob wirklich alle vierundzwanzig Fortsätze zu ertasten sind. Sind alle gleich groß oder gibt es Unterschiede?

Also, los geht's!

1. Wirbelübung:

Bei dieser Übung soll jeder versuchen, seine eigene Wirbelsäule zu finden. Die Teilnehmer setzen sich im Schneidersitz auf den Boden, führen die linke Hand nach hinten und beginnen das untere Ende ihrer Wirbelsäule zu ertasten. Das untere Ende ist das Steißbein. Doch die „Tastarbeit" beginnt nicht am Steißbein, sondern ungefähr fünfzehn Zentimeter darüber, über dem Kreuzbein. Spüren Sie und Ihre Kinder dort die Dornfortsätze? Die rechte Hand tastet von oben die Wirbelsäule hinab, ebenfalls auf der Suche nach den Fortsätzen. Das obere Wirbelsäulenende beginnt am Hinterkopf. Seien Sie sanft, wenn Sie hier auf die Suche nach den Dornfortsätzen gehen, die Halswirbelsäule kann ein wenig empfindlich sein. Tauschen Sie dann die Hände, lassen Sie nun die rechte Hand von unten beginnend die Wirbelsäule aufwärts, die linke von oben abwärts nach den Fortsätzen suchen. Vielleicht treffen sich die beiden Tasthände irgendwo am Rücken? Konnten alle ihre Wirbelsäule auf diese Weise spüren? Nun ertasten die Eltern bitte einmal die Mitte der Kinderrücken. Wie ist das? Können Sie die Wirbelsäule mit allen Fortsätzen fühlen? Jetzt versuchen die Kinder, ob sie bei Vater oder Mutter diese Dornfortsätze auch ertasten können. Dabei zählen Sie einmal nach, wie viele Wirbelfortsätze sie deutlich spüren und wo sich diese knöchernen Fortsätze nicht sofort zeigen.

Dieses Wirbelsäulen tasten können Ihre Kinder natürlich auch mit Freunden oder Geschwistern spielen. Zum Schluss begeben sich alle in die Rückenlage auf den Boden oder auf eine Wolldecke. Können Sie und Ihre Kinder die Wirbelsäule im Liegen auch fühlen? Drücken sie gegen den Boden? Eventuell können nun alle die Dornfortsätze sogar einzeln spüren und in Gedanken einmal nachzählen. Einige sind sicher deutlicher zu erfühlen als andere. Probieren Sie es aus.

2. Wirbelübung:

Für die folgende Übung braucht jeder einen Partner. Dann setzen sich alle mit ihrem Partner Rücken an Rücken gelehnt auf den Boden. Die Füße stehen so auf dem Boden, dass die Knie in Richtung Zimmerdecke zeigen. Nun lehnen sich die Partner mit ihren Rücken aneinander.

Alle sollten darauf achten, wo sie von ihrem Gegenüber berührt werden. Wo lehnt der Hinterkopf an, wo die Schultern und wo der unterer Rücken? Ist ein Partner größer oder stärker als der andere? Nun versuchen die Partner den Rücken des anderen erst ein wenig und ganz sanft zu schieben und zu drücken, mal mehr mit der rechten Schulter, mal mehr mit der linken Schulter, oder auch mit dem ganzen Rücken. Lässt sich aus diesem „Hin-und-her-Schieben" ganz langsam Kreis formen?

Rücken an Rücken die Wirbelsäule spüren

Versuchen Sie es einfach. Wenn jeder einige Male in die eine Richtung gekreist ist, sollen die Partner gemeinsam versuchen in die andere Richtung zu kreisen. Danach schaukeln sie leicht gemeinsam von Seite zu Seite. Mal schaukeln sie stärker, dann wieder schwächer. Schließlich lassen alle die Schaukelbewegungen kleiner und kleiner werden, bis sie schließlich ausklingen.

Danach bleiben alle mit ihrem Partner noch eine Zeit Rücken an Rücken sitzen, schließen die Augen und spüren ihren Atem und den Atem des Partners. Kann jeder die Atembewegung in seinem Rücken fühlen? Zum Abschluss der Übung atmen alle zwei- bis dreimal tief ein und aus. Bei der Einatmung wird der Rücken gegen den Rücken des Partners gedrückt. Danach atmen alle weiter wie gewohnt.

Diese kleine Rückenübung ist gut für die Wahrnehmung der Wirbelsäule, aber auch für die Aufrichtung und Beweglichkeit der vielen kleinen Wirbelgelenke. Das Sitzen Rücken an Rücken, sowie das sanfte Schaukeln von Seite zu Seite entspannt. Es ist also auch eine schöne Abschlussübung nach einem „langen Tag".

Bewegungsspiel-
Wie bewegen sich die Tiere?
Spielregeln:

Liebe Eltern, liebe Kinder, jetzt kommen wir zu einem Bewegungsratespiel. Zunächst nehmen sich alle ein Blatt Papier und einen Stift. Dann schreibt oder malt jeder drei bis fünf Tiere, Taten, Buchstaben oder was immer der Betreffende gleich vorführen möchte, auf sein Blatt, geheim, das versteht sich. Sind nur zwei Spieler da, so führt immer einer eine passende Bewegung vor und der andere rät, um was es sich bei der Vorführung handelt. Dabei dreht jeder sein Blatt so, dass andere nicht sehen können, was aufgeschrieben oder aufgemalt wurde. Dann es geht los: Der jüngste Mitspieler beginnt sich passend zum ersten Punkt auf seiner Liste zu bewegen. Der zweite, oder die übrigen Spieler, versuchen zu erraten, was gemeint ist. Stoppen Sie die Zeit, die benötigt wurde, um das Gespielte zu erraten, und notieren Sie diese. Gewonnen hat am Ende, wer in kürzester Zeit die richtige, oder die richtigen Antworten kennt. Gibt es mehrere Spieler, so können Rateteams gebildet und natürlich auch mehrere Dinge, Tiere oder Aktionen auf der Rateliste aufgenommen werden. Ansonsten gelten die gleichen Regeln wie zuvor. Viel Spaß bei diesem Bewegungsspiel! Und hier noch ein paar Beispiele:

Wie ein **Adler**

Der Adler ist einer der größten Greifvögel. Majestätisch breitet er seine Schwingen aus und erhebt sich damit in die Luft. Wenn er seine Beute beobachtet, und er sieht aus höchster Höhe die kleinste Maus, kann er sogar in der Luft „stehen". Hat er sich einmal für seine Beute entschieden, geht es im Sturzflug abwärts, und die Mahlzeit ist gesichert.

Bewegen wie ein Adler

Übung:

Der Spieler breitet seine Arme aus und ahmt die Flügelschläge des Adlers nach. Dabei geht er durch den Raum. Dann hält er die Arme ausgestreckt und kreist so durch den Raum, genauso wie der Adler auf Beutesuche. Oder hat er vielleicht Lust, den Adler im

Sturzflug zu zeigen? Was könnte ein Adler sonst noch machen? Was ist typisch für einen Adler?

Wie ein **Pferd**

Welches Pferd möchte der Spieler den anderen vorstellen? Ein kleines Pony oder ein temperamentvolles Wildpferd? Gibt es typische Laute, die dieses Pferd von sich gibt? Er sollte alle Bewegungen zeigen, die zu diesem Pferd gehören.

Übung:

Der Pferdespieler galoppiert wie ein Pferd. Oder er stellt sich auf die hinteren „Hufe" und hebt die vorderen in die Luft? Oder tritt das Pferd etwa nach hinten aus? Welche Bewegungen könnte er noch machen, die für ein Pferd typisch sind? Schüttelt es vielleicht seine Mähne? Oder scharrt es mit dem Huf? Macht es Geräusche? Der Pferdespieler kann den Ratenden helfen indem er viele unterschiedliche „Pferdebewegungen" nachahmt.

Wie ein **Bär**

Der Bärenspieler sollte sich erst einmal einen Bären vorstellen. Wie sieht der Bär aus? Groß und kräftig, mit dichtem, braunem Fell und breiten Tatzen? Bestimmt hat er im Zoo oder in einem Tierfilm schon einmal einen Bären gesehen. Wie bewegt sich dieser Bär?

Übung:

Der Bärenspieler stellt sich aufrecht hin, beugt die Arme und zieht die Ellenbogen leicht zum Oberkörper. Dann reckt er seinen Kopf und macht einen langen Hals. Er könnte sich vorstellen, der Bär würde, oben am Baum leckeren Honig schnuppern. Da wird sein Hals ganz lang, der gesamte Rücken streckt sich aufwärts. Leider erreicht er die Honigwabe nicht. Schlecht gelaunt scheuert er seinen Rücken am Baum. Nun stellt sich der Spieler vor, der Bär hätte seinen Freund in der Ferne gehört und rennt schnell zu ihm. Dafür lässt er sich auf seine Hände und Füße herab und läuft auf allen vieren vorwärts.

Können die anderen nun erraten, welches Tier er dargestellt hat?

Wie ein **Storch**

Lange, dünne und rote Beine hat der Storch. Wenn er auf Futtersuche ist, stolziert er langsam durch die Wiesen, damit er die Frösche, seine Beutetiere, nicht erschreckt und sie fliehen können. Beim Voranschreiten zieht er eines seiner Beine leicht gebeugt nach oben, um es danach gestreckt wieder leise im Gras abzustellen. Sein Hals wird dabei ganz lang. Manchmal legt er auch seinen Kopf nach hinten und lässt den langen Schnabel klappern.

Übung:

Der Storchenspieler stemmt die Hände in die Taille, so dass die Ellenbogen zur Seite zeigen. Seinen Rücken hält er bewusst gerade, sein Hals wird lang. Dann schreitet er wie ein Storch voran, indem er sein rechtes Knie zuerst zu sich heran zieht und anschließend ganz gestreckt nach vorn bringt. Das Gleiche macht er dann mit dem linken Bein. Er bewegt sich wie ein Storch bei der Futtersuche. Was für Bewegungen kennzeichnen den Storch sonst noch? Wie sieht es zum Beispiel aus, wenn er einen Frosch schnappt?

Wie ein **Mäuschen**

Als Mäuschen lebt es sich nicht ungefährlich. Da lauert die Katze oder ein Raubvogel zieht seine Kreise in der Luft, um den leckeren Mäusebraten zu schnappen. Deshalb ist eine kleine Maus stets ganz flink unterwegs. Sie saust meist von einem Mauseloch ins nächste, um nicht gefangen zu werden. Manchmal aber, wenn sie hungrig ist, vergisst die Maus für einen Moment die Gefahren und schnuppert interessiert herum, ob es nicht etwas vom Getreide, ein paar Brotkrümel oder sonst etwas Leckeres zu naschen gibt.

Übung:

Der Mausespieler kauert sich auf den Boden und huscht dann auf allen vieren einmal hin und wieder zurück, wie ein kleines Mäuschen auf dem Weg ins Mauseloch. Zwischendurch bleibt er immer mal wieder kurz stehen und schnuppert mit der Nase aufwärts, ob nicht leckere Düfte in der Luft liegen, die der Maus Futter versprechen. Was ist noch typisch für eine Maus?

Wie bewegt sie sich, was macht sie in ihrem Mauseleben außerdem noch?

Wie eine **Katze**

Man könnte meinen, Katzen verschlafen einen Großteil ihres Lebens. Häufig sieht man sie zusammengerollt irgendwo liegen, natürlich am liebsten in der Sonne. Wenn sie dann erwachen, recken und strecken sie sich erst einmal ganz genüsslich und setzen sich danach auch gleich wieder, um sich ausgiebig zu putzen. Scheinbar ist so ein Katzenleben ganz gemütlich.

Übung:

Der Katzenspieler legt sich auf die rechte Seite und rollt sich ein, wie eine schlafende Katze. Dann beginnt er sich zu recken und zu strecken, denn nun erwacht er langsam. Schließlich kommt er auf die Knie und Hände, macht einen runden Rücken, indem er den oberen Teil der Wirbelsäule vorschiebt, so dass es aussieht wie ein Katzenbuckel.

Bewegen wie eine Katze

Anschließend wird der Rücken wieder gerade und er streckt zuerst das rechte, dann das linke Bein nach hinten aus. Dann streckt er den rechten Arm, danach den linken Arm vor. Alles geht ganz langsam, eben wie bei einer Katze nach dem Mittagsschlaf. Ist er endlich wach, geht´s ans Milchschlecken: Wie macht die Katze das? Welche Bewegungen macht eine Katze sonst noch? Was ist typisch für sie?

Wie ein **Frosch**

Die Schenkel eines Frosches sind sehr kräftig. Er bewegt sich damit springend fort. Dabei kann ein kleiner Frosch an Land ziemlich große Sprünge machen. Im Wasser helfen ihm die kräftigen Froschbeine, recht flott zu schwimmen.

Übung:

Der Froschspieler hockt sich wie ein Frosch auf den Boden. Seine Beine sind gebeugt, mit den Händen kommt er auf dem Boden auf. Er hüpft wie ein Frosch einige Male durch den Raum. Danach bleibt er an einem schönen Platz und sonnt sich wie ein Frosch am Sommerteich. Dazu kommt er auf die Knie, setzt sich auf seine Fersen, spreizt die Knie ein wenig auseinander und lehnt sich mit dem Oberkörper vor, fast bis zwischen die Knie. So bleibt er für einige Momente ein sonnender Frosch. Was macht ein Frosch noch? Wie schnappt er sich eine Fliege? Wie schwimmt er?

Wie ein **Seestern**

Ein Seestern ist sicher ein nicht so alltägliches Lebewesen. Dort im Meer, wo er zu Hause ist, kommen wir Menschen eher selten hin. Seine Art der Fortbewegung ist ebenso spannend wie der Seestern selbst. Er benutzt alle seine Sternarme, zieht sie mit Schwung zusammen, und öffnet sie danach wieder. Auf diese Weise kommt er durch die Tiefen des Meeres.

Übung:

Der Seesternspieler begibt sich auf den Boden. Er streckt seine Arme und Beine aus, als wären sie die Auswüchse eines Seesterns. Dann bewegt er Arme und Beine wellenförmig, zieht sie zueinander vom Boden fort und lässt sie langsam zum Boden zurückgleiten. Das wiederholt er mehrfach, wie es ein Seestern tut, wenn er seine Umgebung erkundet.

Wie ein **Löwe**

Es heißt, der Löwe sei der König der Tiere. Wenn wir so einen Löwen im Zoo beobachten, wie er mit seiner dichten Mähne daliegt, sich nach seinem Mittagsschlaf kraftvoll aufrichtet und dann selbstbewusst daher schreitet, wirkt er stolz und vielleicht auch majestätisch.

Schreien wie ein Löwenbaby

Die kleinen Löwenbabys hingegen toben und tollen herum, kämpfen spielerisch. Und wenn sie danach müde sind, räkeln sie sich und gähnen fast gelangweilt, bevor sie endgültig einschlafen.

Übung.
Der Löwenspieler legt sich mit dem Rücken auf den Boden. Er streckt sich erst einmal aus. Danach legt er die Arme neben den Körper und ballt die Hände zu Fäusten. Langsam hebt er seinen Kopf vom Boden, schiebt dann die geballten Fäuste vor, streckt mit voller Kraft die Zunge heraus und gibt einen Schrei von sich, einen Schrei, wie ein erwachendes Löwenbaby. Nach dem Schrei legt er sich wieder sanft zu Boden und räkelt sich, wie man das nach dem Aufwachen tut. Wenn er mag, wiederholt er das mehrfach. Wie lassen sich ein alter oder ein junger Löwe sonst noch darstellen?

Wie ein Krokodil
Ein Krokodil kann ziemlich groß werden, teilweise bis zu vier Meter lang und auch mehrere 100 Kilo schwer. Lange Zeit kann diese große Echse regungslos da liegen und auf Beute warten.

Kriechen wie ein Krokodil

Wenn sich etwas zu fressen zeigt, schießt es aus der tiefsten Regungslosigkeit unerwartet und blitzschnell hervor, um den leckeren Happen zu erwischen. Nach dem Essen bewegt es sich in seinem typischen Echsengang zu seinem Ruheplatz. Dort macht es sein Verdauungsschläfchen.

Übung:
Der Krokodilspieler legt sich auf den Bauch, beugt seine Arme und bringt die Hände und Unterarme kopfwärts. Er winkelt sein rechtes Bein an, so dass das rechte Knie dem rechten Ellenbogen näher kommt. Sein Kopf liegt mit der linken Wange auf. Nun wechselt er in einem langsamen Rhythmus das Beugen der Beine, indem er mal das linke, mal das rechte Knie nach oben bringt und wieder zurück. Jeweils ein Bein ist gebeugt, während er das andere streckt. Den Kopf dreht er, wenn er das Knie hoch zieht, zur anderen Wange. So entsteht das „Krokodillaufen". Auf welche Weise könnte er ein Krokodil noch nachahmen? Schnappt es, taucht es, schwimmt es? Wie frisst es?

Maikäferfliegen
Wenn sich der Maikäfer zum Abflug bereit macht, faltet er die rostbraunen Schutzflügel auseinander, um die eigentlichen schwarzen Flügel darunter hervorzuschieben. Diese bewegt er dann ganz rege und mit sanftem Surren hebt er ab. Dann brummt er durch die Lüfte.

Übung:
Der Maikäferspieler setzt sich in die Hocke, beugt sich vor und macht sich klein und rund wie ein Käfer. So bleibt er für einen Moment. Dann hebt er langsam seine Ellenbogen vom Körper ab, die Hände belässt er am Bauch. Er bewegt die Arme in dieser Position wie Flügel, indem er mit den Ellenbogen flattert. Danach löst er die Hände, so dass Hände und Unterarme zu Flügeln werden.
Er lässt sie flattern wie Käferflügel und bewegt sich so durch den Raum. Nach einer Zeit des Flatterns landet er dann auf einem neuen Platz. Hier macht er sich wieder ganz klein wie der Maikäfer. Können die anderen erraten was er dargestellt hat?

Maikäferzappeln

So ein dicker, brauner Käfer ist doch wirklich interessant. Seine üppige Größe macht ihn allerdings etwas schwerfällig. Und das bekommt der Maikäfer besonders zu spüren, wenn er auf dem Rücken gelandet ist, statt auf seinen Käferbeinen. Dann muss er ziemlich lange zappeln, bis er sich endlich drehen und dann auch wieder in die Lüfte erheben kann.

Zappeln wie ein Käfer auf dem Rücken

Übung:

Der Maikäferspieler legt sich auf den Rücken und streckt Arme und Beine in die Luft. Er stellt sich vor, er wäre ein Maikäfer, der versehentlich vom Baum auf den Rücken gefallen ist. Nun muss er sich nach einigem Zappeln wieder auf die Füße bringen. Wie lange muss er wohl zappeln, bis die anderen erraten, dass er ein Käfer ist?

Bewegungsspiel-
Buchstaben erraten
Spielregeln

Beim Buchstaben raten schreibt jeder Teilnehmer einen Buchstaben auf ein Blatt Papier. Ein Spielleiter, der zuvor gewählt wurde, sammelt die Blätter ein und mischt sie verdeckt, wie ein Kartenspiel. Danach zieht (natürlich wieder verdeckt) jeder Teilnehmer ein Buchstabenblatt. Der Buchstabe auf dem ausgewählten Blatt wird jetzt als Bewegung oder als Stellung vorgeführt, so dass die anderen erraten können, um welchen Buchstaben es sich handelt. Der jüngste Spieler in der Runde beginnt, danach geht es im Uhrzeigersinn weiter. Aber wie stellt man einen Buchstaben dar? Anregungen dafür bietet der nachfolgende Text. Natürlich ist es immer toll, wenn einem Spieler noch andere Möglichkeiten einfallen, um einen Buchstaben darzustellen. Jeder probiert einfach mal aus und lässt die anderen raten.

Bewegungen von A bis Z

Ein A: Hierfür stellt sich der Spieler mit gegrätschten Beinen und geradem Rücken auf. Die Arme hält er dabei gestreckt dicht am Körper.

Ein B: Beim „B" wird das linke Bein zum Standbein, das rechte Bein beugt der Spieler und stemmt die rechte Fußsohle gegen die Innenseite seines linken Beines. Die rechte Hand legt er in die linke Taille, der rechte Ellenbogen zeigt dann zur Seite. Der linke Arm liegt am Körper an. So stellt er den Buchstaben „B" dar. Wenn er möchte, kann er das „B" auch einmal mit der anderen Seite zeigen.

Ein C: Für das „C" stellt sich der Spieler aufrecht hin, dann streckt er beide Arme in Richtung Zimmerdecke. Anschließend beugt er sich mit beiden Armen langsam nach rechts herüber, schiebt die linke Seite seines Beckens noch ein Stück weiter nach links und schon ist er in der Haltung des Buchstaben „C". Auch diesen Buchstaben kann der Spieler anschließend, wenn er möchte, noch einmal mit der linken Körperseite darstellen.

So sieht doch ein „A" aus, oder?

Sich aufstellen wie ein „A"

Ein D: Für das kleine „d" stellt sich der Spieler aufrecht auf den Boden. Seine Beine führt er dabei eng zusammen. Den rechten Arm bringt er gestreckt nach oben, den linken führt er gebeugt über den Kopf, so dass die Fingerspitzen der linken Hand den rechten Arm in Höhe des Unterarms berühren. Alternativ kann er das „d" auch mit seinen Händen zeigen. Dafür hebt er den rechten Unterarm vor die Brust, streckt die rechte Hand nach oben und bringt die linke Hand in gebeugter Form mit den Fingern in die rechte Handinnenfläche. So entsteht ein kleines „d". Und wie lässt sich ein großes „D" darstellen? Irgendwelche eigenen Ideen?

Ein E: Für ein „E" wird das rechte Bein zum Standbein. Dann hebt der Spieler das linke Bein seitlich hoch, streckt seinen linken Arm zur Seite aus und hebt den rechten Arm ebenfalls gestreckt an der Brust vorbei und streckt ihn zur linken Seite herüber.
Ein **kleines „e"** lässt sich gut mit den Händen darstellen, indem der Spieler eine Hand anhebt und Zeige-, Mittel-, Ring- und Kleinfinger fest beugt, während der Daumen in der Waagerechten bleibt.

Ein F: Der Spieler stellt sich mit aufgerichteter Wirbelsäule hin.
Die Beine führt er eng zusammen. Dann hebt er den linken Arm gestreckt vor das Gesicht und streckt ihn nach rechts herüber. Den rechten Arm bringt er auf Schulterhöhe und streckt ihn parallel zum linken Arm nach rechts. Jetzt steht da er wie ein großes „F".

Ein G: Ein kleines „g" lässt sich gut mit der rechten und linken Hand formen. Der Spieler bringt dazu beide Hände folgendermaßen zueinander:
Er hebt die rechte Hand gestreckt vor die Brust, so dass der Daumen in einer Linie abgespreizt wird. Die übrigen vier Finger streckt er nach oben. Die linke Hand bringt er gebeugt, mit den Fingerspitzen gegen die Innenfinger der rechten Hand, so dass die Hand sich wie eine Höhle formt. Der Daumen ist der untere Bogen vom kleinen „g". ist das kleine „g" zu erkennen? Gibt es noch andere Möglichkeiten den Buchstaben „G" darzustellen?

So sieht ein kleines „g" aus

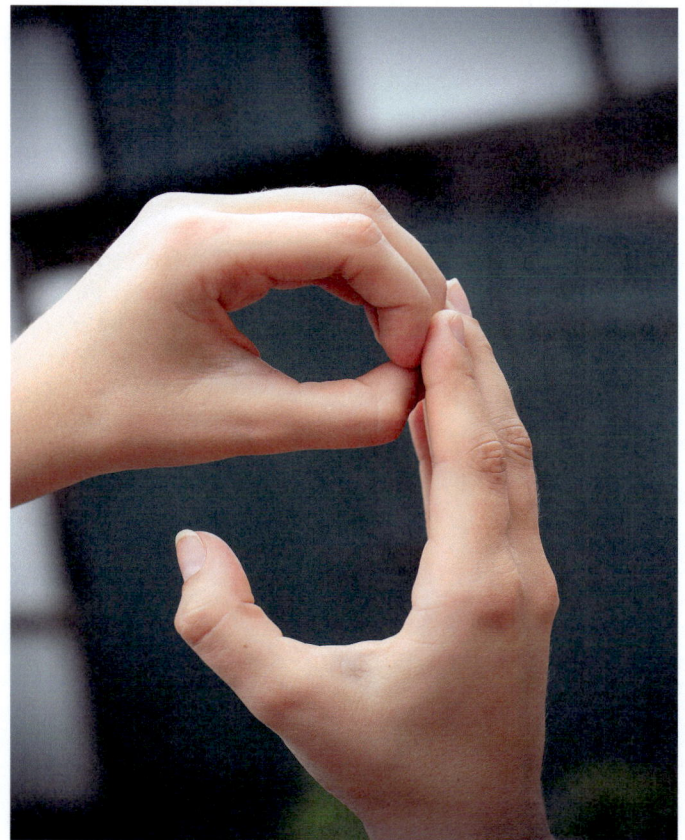

Die Finger formen ein „g"

Ein H: Für ein „H" stellt sich der Spieler aufrecht hin, die Arme streckt er lang aufwärts, die Beine sind hüftbreit gespreizt. So zeigt er ein großes „H". Gibt es noch andere Möglichkeiten, ein „H" darzustellen? Probieren kann helfen. Der Spieler kann gern ausprobieren wie sich das „H" am besten zeigen lässt!

.

Ein I: Das „I" lässt sich ganz einfach formen: Der Spieler stellt sich kerzengerade auf den Boden und zieht die Hände seitlich an den Körper heran. Schon steht er da wie der Buchstabe „I". Das war einfach, nicht wahr?

Ein J: Dafür kniet der Spieler auf dem Boden, seinen Rücken richtet er auf und bringt beide Arme gestreckt nach oben. Im Profil betrachtet ist das ein „J".

Ein K: Für ein „K" legt sich der Spieler auf den Boden und streckt Arme und Beine lang aus. Dann hebt er beide Beine zirka dreißig bis vierzig Zentimeter vom Boden ab und hält sie so in der Luft. Danach hebt er auch beide Arme gestreckt ungefähr vierzig Zentimeter und hält sie in dieser Weise. Den Kopf lässt er auf dem Boden liegen. Das ist ein „K".

Der Buchstabe „L"

Am Boden liegen wie der Buschstabe „L"

Ein L:
Auch für das „L" begibt sich der Spieler in die Rückenlage auf den Boden. Dann streckt er beide Beine senkrecht nach oben oder zumindest in Richtung Zimmerdecke. So sieht ein „L" aus, oder?

Ein M: Dieser Buchstabe lässt sich gut zu zweit darstellen, und zwar so: Beide kommen auf Knien und Händen auf den Boden, mit dem Kopf sind sie einander zugewandt. Langsam strecken sie die Knie und heben das Gesäß aufwärts, so dass es nach oben zeigt, der Kopf schaut abwärts. Gemeinsam bilden sie so die Form eines „M".

Ein N: Für das „N" muss der Spieler zuerst einmal auf Knie und Hände auf den Boden. Danach streckt er die Beine und hebt sein Gesäß nach oben Das linke Bein beugt er nun an, so dass der Unterschenkel sich abhebt und die Ferse in Richtung Gesäß zieht. Das ist ein „N", oder? Gibt es noch andere Möglichkeiten, wie ein „N" darzustellen ist?

Ein O: ein „O" lässt sich sehr gut formen, indem der Spieler die Fingerspitzen von Zeige-, Mittel-, Ring- und Kleinfinger beider Hände gebeugt miteinander verbindet, während beide Daumenspitzen den Kreis nach unten abschließen. So entsteht ein schönes rundes „O".

Ein P: Für ein „P" stellt sich der Spieler aufrecht auf den Boden. Den linken Arm streckt er an seiner linken Körperhälfte herunter, den rechten Arm führt er gebeugt über die Seite. Dann legt er die rechte Handfläche auf seinen Kopf und schiebt den Ellenbogen zur Seite. Nun steht er da wie ein „P".

Ein Q: Das „Q" wird geformt mit der linken Hand, sie bildet einen Kreis wie ein „O", ähnlich wie eine „Faust mit Loch". Dann legt der Spieler den Daumen der rechten Hand unten im Kreis an so wie bei einem „Q".

Ein „Q"

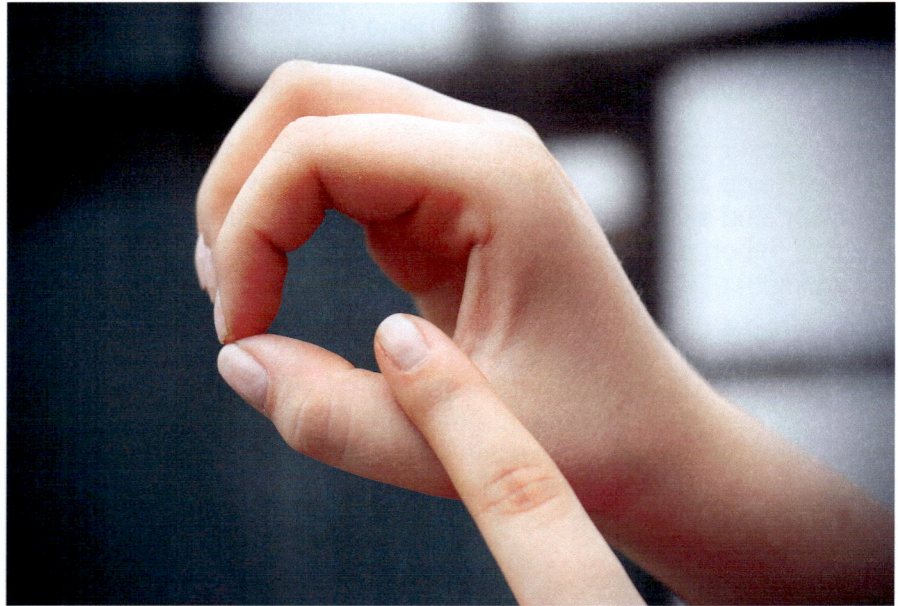

Mit den Fingern ein „Q" formen

Ein R: Für das „R" stellt sich der Spieler wieder aufrecht hin. Den linken Arm hält er gestreckt an seiner linken Körperseite. Seinen rechten Arm führt er gebeugt über die Seite, so dass er die rechte Hand auf den Kopf legen kann. Anschließend stellt er das rechte Bein gestreckt zur Seite heraus. Und schon hat er den Buchstaben „R" geformt.

Ein S: Für ein „S" stellt sich der Spieler im Profil auf. Er gehe in die Knie und schiebe sein Gesäß zurück. Dann führt er die leicht gebeugten Arme, mit den gebeugten Handgelenken über den Kopf nach oben und neigt den Oberkörper ein wenig vor. Nun steht er da wie ein „S"

Ein T: Für das „T" stellt sich der Spieler auf den Boden und führt die Fußinnenkanten sowie die Oberschenkelinnenseiten ganz nah zusammen. Dann richtet er bewusst seinen Rücken auf und streckt seine Arme zur Seite in der Waagerechten aus. Diese Position „T" hält er für einige Atemzüge.

Sich bewegen wie ein „T"

Ein U: Für das „U" begibt sich der Spieler wieder in die Rückenlage. Dann hebt er die Arme und die Beine gestreckt nach oben. So liegt er wie ein „U".

Ein V: Das „V" kann ganz einfach mit den Händen dargestellt werden. Dafür streckt der Spieler seine Finger aus, die einzelnen Finger sind aneinander gedrückt. Dann führt er beide Hände so zueinander, dass sie sich an den Handgelenken berühren und die Handflächen auseinanderstreben. So entsteht ein „V".

Ein W: Ein „W" lässt sich am besten zu zweit darstellen. Die Spieler begeben sich hierzu auf den Rücken. Dann heben sie die Arme gestreckt in die Höhe, anschließend heben sie jeder beide Beine und lehnen sie so aneinander, dass sich die Fersen berühren. Und schon haben sie ein „W".

Ein X: Für das „X" stellt sich der Spieler mit gegrätschten Beinen auf den Boden, hebt seine Arme gestreckt und v-förmig nach oben. So sieht er wie der Buchstabe „X" aus.

Ein Y: Ein „Y" stellt der Spieler dar, indem er sich mit geschlossenen Beinen auf den Boden stellt und die Arme V-förmig über den Kopf reckt. So einfach geht ein „Y".

Ein Z: Beim „Z" müssen die Bauchmuskeln kräftig helfen: Der Spieler begibt sich auf die Knie. Danach richtet er den Oberkörper auf und lässt ihn mit geradem Rücken etwas zurück sinken. Seine Arme bringt er gestreckt nach vorn. Na? Sehen alle das „Z"? Gibt es noch andere Möglichkeiten diesen Buchstaben darzustellen? Ein solches Ratespiel kann man natürlich auch mit Zahlen spielen. Viel Spaß dabei!

So kann man den Buchstaben „Y" zeigen

Sich aufstellen wie ein „Y"

Bewegungsspiel-
Taten, Gegenstände und mehr erraten
Spielregeln
Für das Taten raten nimmt sich jeder Teilnehmer einen Bleistift und ein Blatt Papier. Dann denkt sich jeder eine Tätigkeit aus, die sich gut darstellen lässt, schreibt oder malt diese auf sein Blatt und dreht es so, dass die anderen nicht sehen, was er ausgewählt hat. Nun beginnt wieder der jüngste Teilnehmer seine ausgewählte Tätigkeit darzustellen und lässt die anderen raten um was es sich dabei handelt. Wer zuerst richtig rät, bekommt einen Punkt gutgeschrieben. Gewinner ist, wer am Ende des Spiels die meisten Punkte gesammelt hat.
Es können auch Rateteams gebildet werden, die gegeneinander antreten. Und hier gibt's nun noch einige Anregungen für Tätigkeiten:

Die Sonne scheint
Um die Sonne darzustellen, stellt sich der Spieler auf den Boden, hebt die Arme und lässt sie zu Sonnenstrahlen werden.
Eine Sonne lässt sich aber auch zu zweit darstellen. Dazu stellen sich die Spieler dicht hintereinander auf. Dann heben sie beide ihre Arme und lassen die Sonne strahlen.

Es regnet
Manchmal fällt Nieselregen, ganz fein und sanft, manchmal prasselt Regen heftig und laut nieder. Der Spieler soll sich überlegen, wie er den Regen mit seinen Händen und Armen, vielleicht auch mit seinen Füßen und Beinen darstellen möchte.

Der Wind weht
Mal kommt der Wind recht stürmisch daher, gar als Orkan. Im Sommer kennen wir ihn als laues Lüftchen. Wie erlebt der Spieler Wind? Und wie stellt er ihn mit seinen Bewegungen dar?

Ein Flugzeug fliegt
Was für ein Flugzeug soll es denn sein, das dargestellt wird?

Ein Passagierflugzeug, Jumbojet, Starfighter oder eine Propellermaschine, ein Segelflugzeug oder vielleicht ein Hubschrauber? Der Spieler wählt eines aus und ab geht es mit ausgebreiteten Tragflächen oder rotierenden Propellern durch den Raum.

Sich bewegen wie ein Flugzeug

Skifahren

Skifahren kann man auf unterschiedliche Art und Weise. Da gibt es den Abfahrtslauf, dabei geht es mit Schwung die steilen schneebedeckten Pisten herunter. Und es gibt den Skilanglauf, bei dem mit recht schmalen Langlaufskiern und Skistöcken flink durch die Loipe gerutscht wird. Der Spieler kann beides nacheinander darstellen, rasanten Abfahrtslauf mit wechselnden Bewegungen, dann einen Skilangläufer, wie er sich mit seinen Stöcken abstößt und mit großen Schritten voran gleitet.

49

Schanzen springen

Außerdem gibt es die waghalsigen Skispringer, die von einer hohen Schanze etliche Meter durch die Luft fliegen. Um einen Skispringer nachzuahmen, begibt sich der Spieler in die Hocke und führt in dieser Stellung das Abwärtsgleiten des Skispringers vor, wenn er die Schanze hinuntersaust. Am Ende der Sprungschanze richtet sich der Skifahrer auf und fliegt durch die Luft. Wie kann der Spieler diesen Flug zeigen?

Ballett

Beim klassischen Ballett laufen Tänzer und Tänzerinnen, leichtfüßig auf den Zehenspitzen über die Bühne, die Arme graziös nach oben oder zur Seite gestreckt.
Der Spieler führt diese Tanzbewegungen vor. Aber was gehört noch zum Ballett? Wie lässt es sich noch darstellen?

Tennis spielen

Wie laufen Tennisspieler über den Platz, wenn sie schnell zum Netz sprinten, um dann mit einem Vorhandschlag den Ball in die andere Hälfte des Spielfeldes zu bringen? Der Spieler könnte diesen Sprint und den dazugehörigen Schlag mit dem Racket zeigen.

Bauchtanz

Der orientalische Bauchtanz hat eine lange Tradition und ist mehrere hundert Jahre alt. Seine Wurzeln hat er vermutlich in Afrika. Beim Bauchtanz schwingt das Becken auf unterschiedliche Art. Der Spieler kann sein Becken von Seite zu Seite kippen oder vor und zurück. Er kann es kreisen lassen oder er beschreibt eine gedachte liegende Acht. Also los: Es gilt sein Becken in Bewegung zu bringen wie eine Bauchtänzerin.

Bauchtanz

Die Kinder haben Spaß beim Bauchtanz

Boxen

Seit mehr als einhundert Jahren gehört der Boxsport zum Wettkampfsport. Obwohl die Kämpfer teilweise schwergewichtig sind, tänzeln sie leichtfüßig durch den Ring. Die Fäuste scheinen dem Gegner entgegenzufliegen. Der Spieler könnte diese Boxbewegungen nachahmen.

Und was gehört noch zum Boxsport?

Ein kräftiger Boxhieb

Aerobic

Um 1960 ist Aerobic in Amerika entstanden. Flotte Schrittkombinationen oder Gymnastik mit Musik, so kann man Aerobic kurz übersetzen. Der Spieler stellt sich mit leicht gegrätschten Beinen auf den Boden, zieht im Wechsel die rechte und die linke Ferse zum Gesäß, beugt und streckt die Arme dazu. Das ist eine von vielen Aerobic-Schrittkombinationen.

Aerobic Schritte

Welche Aktivitäten können außerdem noch dargestellt werden? Vielleicht etwas aus dem Alltag? Was fällt Ihnen sonst noch ein? Wie sieht es aus, wenn jemand die Fenster putzt oder sein Auto poliert, eine Suppe kocht oder seine Schuhe säubert?'

Noch mehr bewegen
Luftballontanz

Für den Tanz mit dem Luftballon benötigt man einen mittelmäßig stark aufgeblasenen Luftballon pro Teilnehmer. Musik, gibt den Rhythmus für den Tanz vor.

Mit Luftballons in Bewegung kommen

Der Tanz mit dem Ballon beginnt damit, dass alle Teilnehmer auf dem rechten Bein hüpfen und ausschließlich mit der rechten Handinnenfläche sanft unter den Luftballon schlagen, so dass dieser mindestens auf Augenhöhe oder höher im Raum gehalten wird. Nach etwa drei Minuten wechseln die Teilnehmer die „Schlaghand" und das Hüpfbein und befördern den Luftballon mit der linken Handinnenfläche nach oben. Wieder drei Minuten später wird der Ball mit beiden Handinnenflächen in der Luft gehalten. Dabei liegen die Hände übereinander, der rechte Handrücken liegt in der linken Hand oder umgekehrt.

Und es geht auf zwei Beinen tanzend weiter. Ein erneuter Wechsel der Handstellung erfolgt nach weiteren drei Minuten. Jetzt werden beide Handinnenflächen zusammengepresst, die Arme vorgestreckt und ausschließlich mit den Daumen beider Hände der Ballon aufwärts geschlagen. Etwa drei Minuten später gibt es einen erneuten Bewegungswechsel. Dazu bleiben die Handinnenflächen miteinander verbunden wie bei dem Ablauf zuvor, jedoch wenden die Teilnehmer die Schlaghand nach jedem Schlag gegen den Luftballon. So wird er einmal mit dem rechten, einmal mit dem linken Handrücken in die Luft befördert. Beim nächsten Wechsel ist der Ballon etwa drei Minuten mit dem Kopf in der Luft zu halten. Noch einmal drei Minuten später kicken die Teilnehmer den Luftballon mit den Knien nach oben. Die Hände sind nun auf dem Rücken verschränkt, die Knie werden im Wechsel eingesetzt. Nach jeweils drei Minuten findet der Wechsel statt.

Luftballontanz

Danach folgt ein Luftballonpartnertanz. Und der funktioniert so: Zwei Spieler mit einem Ballon finden sich zusammen. Sie drehen die Rücken zueinander, der Ballon wird auf Höhe des mittleren Rückens zwischen sie gesteckt. Beide drücken nun ihren Rücken sanft gegen den Ballon, so dass dieser nicht herunterfallen kann und tanzen im Rhythmus der Musik, ohne dass der Ballon zu Boden fällt. Wieder nach drei Minuten wird der Tanz beendet.

Auch beim Luftballontanz ist die eigene Kreativität gefragt. Wer findet noch weitere Möglichkeiten, um mit dem Luftballon zu tanzen?

Statt eines Luftballons kann man übrigens auch einen großen Softball nehmen.

Fingerspiele

Finger sind Sinnesorgan und Werkzeug zugleich. Ähnlich wie bei den Füßen gibt es bei den Fingern auch viele einzelne Knochen, kleine Muskeln und zahlreiche Gelenke. Das Zusammenspiel dieser vielen Einzelteile macht es möglich, dass ein Mensch etwas sowohl kraftvoll festhalten, tragen oder auch zartfühlend betasten kann. Die Fingerkuppen beherbergen unzählige Tastkörperchen und Nervenendigungen. Sie warnen uns vor eventuellen Gefahren wie zum Beispiel der heißen Herdplatte, einem kalten Eiszapfen oder dem spitzen Dorn einer Rose. Nun die Anleitung zum Spiel:

Die Fingerspitzen begrüßen sich

Die Spieler setzen sich alle aufrecht auf einen Stuhl und beugen die Arme, so dass die Fingerspitzen beider Hände zur jeweiligen Person schauen. Nun führt jeder die Kuppen von Zeigefingern und Daumen beider Hände zusammen, damit sie sich berühren. Der Daumen sagt nun zum Zeigefinger: " Hallo, ich grüße dich." Nach der Begrüßung trennen sich die beiden wieder und die Daumenkuppe geht weiter zur Kuppe des Mittelfingers. Auch hier grüßt der Daumen: „Guten Tag, Mittelfinger, sei gegrüßt." Aber auch die beiden verabschieden sich wieder und der Daumen begrüßt danach den Ringfinger. Ganz zum Schluss ist der kleine Finger dran, auch er wird vom Daumen begrüßt.

Finger sind Bewegungskünstler

Die Finger in Bewegung

Dann ändert sich das Spiel, nun erzählen die Fingerspitzen dem Daumen jeweils eine kleine Geschichte oder einen Witz oder ein Geheimnis. Die Spieler bringen dafür die Fingerspitze des Kleinfingers zum Daumen. Sie drücken die beiden Fingerkuppen zusammen und lassen den kleinen Finger dem Daumen seine Geschichte erzählen. Danach kommt der Ringfinger zum Daumen und erzählt ebenfalls seine Geschichte. Und vielleicht hat auch der Mittelfinger eine Geschichte für den Daumen. Wie ist es mit dem Zeigefinger, hat auch er eine Geschichte zu erzählen? Oder sagt er: „Lieber Daumen, heute gibt es keine Neuigkeiten."

Fußspiele

Unsere Füße bestehen, fast genauso wie unsere Finger, aus vielen einzelnen Knochen, Muskeln und gelenkigen Verbindungen. Diese sind bei ihrer Halte- und Stützarbeit aufeinander angewiesen und müssen gut zusammenarbeiten, damit der Fuß seine nötige Stabilität bekommt, um uns tragen zu können. Zum anderen muss so ein Fuß auch flexibel sein, zum Beispiel um beim Gehen abzurollen und beim Springen abzufedern. Da unsere Füße aber häufig den ganzen Tag in Schuhen stecken, ist es gut, sie ab und zu barfuß zu entdecken. Also, los geht´s mit den Fußspielen!

Auf einem Seil balancieren

Die Spieler nehmen sich jeder ein Seil, ein starkes Band oder eine Handtuchrolle und legen den Gegenstand ihrer Wahl der Länge nach auf den Boden. Dann gehen sie barfuß in kleinen Schritten über das Seil oder Band oder über die Handtuchrolle. Sie laufen zuerst vorwärts, danach versuchen sie es rückwärts. Dieses Seilgehen wiederholt jeder fünfmal. Vorwärtsgehen, danach rückwärtsgehen, wieder vorwärts usw.…

Die Füße kommen in Bewegung

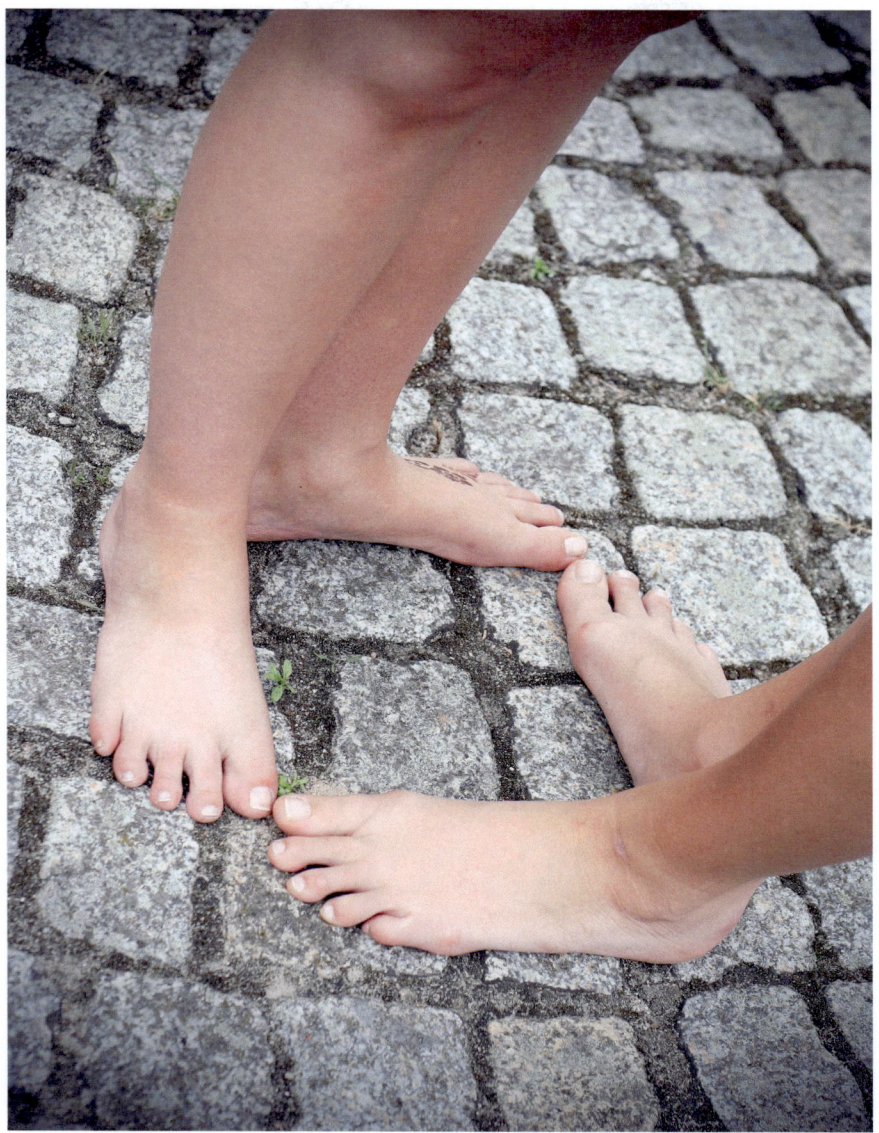

Fußsohlen sind sensibel

Mit den Füßen vorwärts krabbeln

Die Spieler stellen sich barfuß auf den Boden, das linke Bein wird das Standbein die Arme streckt jeder wie die Tragflächen eines Flugzeugs zur Seite. So kann man gut das Gleichgewicht halten und sich ausbalancieren. Dann krabbelt jeder mit den Zehen des rechten Fußes langsam vorwärts und wenn´s nicht mehr vorwärts geht, wieder zurück. Das macht jeder etwa fünfmal. Dann ist der rechte Fuß dran und krabbelt fünfmal vor und zurück.

Die Fußsohlen tasten

Mit Fußsohlen tasten

Für diese Übung setzen sich die Spieler auf einen Hocker. Sie richten ihren Rücken auf, die Hände liegen auf den Oberschenkeln. Wenn sie möchten, schließen sie die Augen.

Dann beginnen sie, mit der Fußsohle des rechten Fußes den anderen Fuß, den Unterschenkel des linken Beines und andere erreichbare Körperteile zu ertasten. Dabei lässt sich jeder Zeit. Nach einer Weile wird die Seite gewechselt.

Spiele mit Kastanien

Kastanien vom Boden in den Eimer heben
Für das nachfolgende Fuß Spiel braucht jeder Spieler eine Schale oder ein ähnliches Behältnis sowie zehn Kastanien, Murmeln, Wattekugeln oder etwas Ähnliches. Diese Utensilien legt jeder vor den Hocker, auf dem er sich nun setzt. Die Schuhe und Strümpfe werden ausgezogen. Dann beginnen die Spieler mit dem rechten Fuß die Kastanien in die Schale zu legen.

Wenn alle Teile in der Schale sind, holen sie diese mit dem linken Fuß wieder heraus und legen sie auf den Boden zurück.

Dieses Spiel kann auch auf Zeit gespielt werden. Einer stoppt die Zeit, die jeder benötigt, um die Teile in den Behälter zu legen und wieder herauszuholen.

Stark werden wie die Großen
So wird der Bauch stark

Die Spieler legen sich auf den Rücken und stellen die Fußsohlen auf den Boden, die Knie zeigen in Richtung Zimmerdecke. Dann legen sie die Hände an den Hinterkopf, die Ellenbogen zeigen zur Seite. Sie atmen ein und richten sich ausatmend mit Kopf und Oberkörper auf. Diese Bewegung sollte fünf- bis zehnmal wiederholt werden.

So wird er Rücken stark
Unterer Rücken und Beine:

Die Spieler liegen in Bauchlage, strecken die Beine aus und legen die Arme so, dass sich ihre Stirn auf den Handrücken beider Hände ausruhen kann. Nun heben sie das rechte Bein vom Boden ab, halten es einen Moment und lassen es zum Boden zurück. Dieses Abheben des rechten Beines machen sie fünfmal. Danach ruhen sie sich einen Moment aus. Dafür kann jeder den Kopf auf die Wange niederlegen. Dann kehren sie zurück in die vorherige Position und heben nun das linke Bein vom Boden, halten es einen Moment und lassen es zum Boden zurück. Auch diese Übung mit dem linken wiederholt jeder fünfmal. Danach wird wieder eine kurze Pause gemacht. Nach der Pause führen die Spieler beide Beine nah zueinander und heben sie gemeinsam vom Boden ab, halten sie einen Moment und legen wieder auf den Boden. Auch diese Übung bitte fünfmal machen.

Oberer Rücken und Arme:

Die Spieler liegen wieder in Bauchlage, die Beine sind nach unten gestreckt, die Arme sind vorgestreckt und berühren den Boden. Der Kopf wird ein wenig vom Boden gehoben, hier hilft die Muskulatur der Halswirbelsäule und des oberen Rückens.

Dann hebt jeder den rechten gestreckten Arm vom Boden, bleibt für einen Moment so und legt den Arm dann wieder am Boden ab. Auch hier werden wieder fünf Wiederholungen gemacht. Danach gibt es wieder eine kurze Pause, der Kopf darf entspannt am Boden ausruhen. Dann geht´s weiter mit dem linken Arm, wieder gestreckt in die Luft heben, halten und dann sinken lassen. Nach einer weiteren kurzen Pause werden beide Arme gleichzeitig angehoben, kurz gehalten und dann wieder zum Boden gesenkt. Bitte wieder fünf Wiederholungen. Hiernach eine Pause machen, bevor es zum Trockenschwimmen geht.

Trockenschwimmen:
Für das Schwimmen bleiben die Spieler in der Bauchlage. Wieder sind die Beine gestreckt, die Arme liegen dieses Mal gebeugt neben dem Oberkörper. Nun führen alle mit den Armen Schwimmbewegungen wie beim Brustschwimmen durch.

Auf dem Boden schwimmen

Dazu wird der Oberkörper etwas angehoben und die Arme sind auch ein wenig in der Luft. Es werden immer fünf Schwimmzüge durchgeführt, dann kommt eine kurze Pause. Dabei legt jeder seinen Kopf auf der rechten oder der linken Wange ab, die Arme liegen neben dem Körper. Wer möchte, kann dieses Schwimmen auch mit nur einem Arm ausführen. Dazu kommt man erneut in die Ausgangsposition und führt die Schwimmbewegung zuerst nur mit dem rechten, danach nur mit dem linken Arm aus. Diese Übungen stärken den Rücken.

Entspannungsspiele
Brot, Pizza oder Kuchen backen
Für dieses Entspannungsspiel legt sich ein Partner bequem auf den Boden. Dann beginnt der Mitspieler in seiner Vorstellung mit dem Brotbacken: Der Rücken des liegenden Partners ist der Teig. Er muss ihn kneten, zwischendurch wieder glätten und ausstreichen. Vielleicht muss der Teig noch einmal mit Mehl bestreut werden? Der „Brotbäcker" sollte sich überlegen, welche Griffe für das Kneten eines Teiges sonst noch nötig sind. Brotteig muss meist recht lange und kräftig geknetet werden. Es sollte aber nur so tüchtig geknetet werden, dass es für den anderen angenehm ist.

Ballmassagen

Alle legen sich entspannt auf den Bauch und bitten einen Mitspieler, den Rücken mit einem Ball (Igelball oder Tennisball) zu massieren. Die Massage ist ganz einfach auszuführen und total entspannend. Mit einer Hand wird der Ball sanft zunächst auf der rechten, danach auf der linken Rückenhälfte auf- und wieder abwärtsgerollt. Die ganze Massage dauert fünf bis zehn Minuten. Danach lässt es sich sehr gut schlafen oder ein wenig ruhen.

Eine entspannende Massage

Phantasiereisen
Eine Reise ans Meer

Jeder sucht sich einen Platz im Raum, an dem er es sich bequem machen kann. Wer mag, nimmt sich eine Decke und ein kleines Kissen für seine Reise mit. Dann wird´s gemütlich, alle legen sich entspannt hin. Die Beine sind ausstreckt die Arme liegen neben dem Körper. Wer möchte schließt die Augen. Wer nicht möchte, wartet, bis sie sich auf dieser Reise vielleicht von selbst schließen. Während die Spieler nun gemütlich daliegen, atmen sie einige Male tief ein und wieder aus. Spüren alle, wie sich der Bauch durch das Atmen bewegt? Der Bauch hebt sich mit der Einatmung und senkt sich mit der Ausatmung. Wenn das alle für fünf Atemzüge ausprobiert haben, wird gleichmäßig weitergeatmet. Mit den Gedanken geht es nun auf die Reise an das Meer. Vielleicht ist der eine oder andere im Urlaub schon einmal dort gewesen? Kann sich jemand erinnern? Alle stellen sich nun das schöne Blau des Meeres vor. In sanften Wellen bewegt es sich. Das klare Wasser fließt an den Strand und zieht sich wieder zurück. Wieder und wieder schwappen kleine Wellen auf den Strand und laufen wieder zurück. Ein sanftes gleichmäßiges Rauschen entsteht. Kann jeder das Rauschen des Meeres hören? Wer möchte hier am Strand bleiben und den Meereswellen zuschauen? Alle lassen ganz entspannt den Rücken einfach noch ein wenig weiter zum Boden herabsinken, fühlen nach, wie der Rücken sich gegen die Unterlage schmiegt. Und wer mag stellt sich vor, wie sich der Sandstrand um seinen Rücken hüllt. Warm und wohlig scheint die Sonne vom Himmel. Sie blinzelt jedem ihre Strahlen ins Gesicht und wärmt auch den Bauch. Kann jeder fühlen, wie sein Bauch langsam wärmer wird? Jeder einzelne liegt ganz gemütlich am Strand und genießt das Meeresrauschen. Und wie ist es, wenn ein frischer Wind die Stirn streift, ein feiner Luftzug sie kühlt?

Alle bleiben noch einen Moment so liegen und lassen sich den Bauch von der Sonne und den Rücken vom Sand wärmen. Gleichzeitig kühlt der Sommerwind die Stirn.

Diesen Ausflug ans Meer genießen alle und bleiben noch ungefähr fünf Minuten liegen.

Am Meer

Der Tag neigt sich dem Ende zu, die Sonne geht unter. Nun verabschieden sich alle langsam vom Strand, holen tief Luft und atmen genau so tief wieder aus. Jeder bewegt sich, räkelt sich oder gähnt vielleicht und steht langsam und über eine Seite gerollt wieder auf und kommt bewusst zum Stehen.
Jetzt im Raum umschauen und dort wieder ankommen. Alle bewegen sich im Raum und gehen einige Schritte.
Und vielleicht möchte auch jemand ein Bild zu seiner Reise ans Meer malen?
Dann viel Spaß dabei!

Eine Reise an deinen Lieblingsort

Für die Reise an den Lieblingsort sucht sich jeder einen Platz im Raum (oder bei gutem Wetter auch im Freien), an dem er es sich bequem machen kann. Das kann ein kuscheliger Sessel, ein gemütlicher Stuhl am Fenster, ein Sofa oder ganz einfach der Boden sein. Eine Decke und eventuell auch ein Kissen sollten nicht fehlen, damit wird es noch bequemer. Hat jeder eine gemütliche entspannte Position gefunden? Dann atmen alle noch einmal ganz bewusst und tief ein und wieder aus, spüren dabei, wie sich Bauch und Brust bewegen, heben und senken. Dieses Atmen wiederholen, danach schließen alle die Augen und jeder stellt sich jetzt einen schönen Ort vor, an dem er sich wohlfühlt. Sicher kennt jeder einige solcher besonderen Plätze. Gibt es vielleicht eine tolle Erinnerung an einen Waldspaziergang, über eine schöne Blumenwiese oder an einem See entlang? Oder handelt es sich beim Wohlfühlort eine geschützte Höhle mit einem Lichtschacht, der die Strahlen der Sonne hineinlässt? Oder gibt es da ein Baumhaus mit einem Ausguck in die Ferne, der es erlaubt die Schmetterlinge und Vögel zu beobachten? Jeder darf sich seinen eigenen feinen Platz vorstellen, an dem er sich gut fühlt. Und dann stellt sich jeder vor, dass er nun dort ist. Es ist entspannend, vielleicht scheint die Sonne und wärmt. Vielleicht weht ein zarter Wind und berührt Haare und Gesicht? Gibt es feine Gerüche? Der Geruch von frischen Keksen, süßen Früchten, Honig oder Tee liegt in der Luft? Kann jemand Tiere beobachten? Sind Schmetterlinge unterwegs und flattern über Blüten? Sicher gibt es noch viele andere Dinge an diesem Ort der Wahl. Jeder schaut sich seinen Ort genau an und lässt ihn damit noch schöner werden. Jeder genießt diese Zeit an seinem Lieblingsort, fühlt wie das stärkt, atmet ganz bewusst die Luft um sich herum ein.

Dann ist es langsam soweit, zurückzukehren. Jeder verabschiedet sich von seinem Lieblingsplatz, in seinem eigenen Tempo und auf seine eigene Art. Dazu gehört das Wissen, jederzeit hierher zurückkehren zu können. Dieser Ort heißt seine Besucher stets willkommen.

Alle holen jetzt einige Male tief Luft, atmen ein und aus,

verabschieden sich und kommen in den Augenblick und in diesen Raum zurück. Jeder bewegt Hände und Füße, reckt und streckt sich, öffnet die Augen, schaut sich um und nimmt die Umgebung wahr. Nochmals ein- und ausatmen und einige Schritte durch den Raum gehen. Wie fühlt sich der Körper, wie der Geist und die Seele? Gut und ausgeruht?
Vielleicht mag jemand von seinem Ort erzählen?

Eine Reise mit dem Heißluftballon
Hier unternehmen alle in Gedanken eine schöne Reise mit einem großen Ballon.

Eine Reise mit dem Heißluftballon

Dazu brauchen die Teilnehmer zunächst einen Platz im Raum, um es sich bequem zu machen.

Am besten legt man sich ganz entspannt hin und kuschelt sich in eine Decke. Aber man kann die Reise natürlich auch im Sitzen machen. Dann schließen alle die Augen und stellen sich einen großen Ballon vor. Die Ballonhülle ist wunderschön bunt.

Unter dem Heißluftballon hängt ein riesiger Korb. Hier steigt jeder für sich ein, der Ballonführer wartet schon, und begibt sich dann auf einen Ballonflug über eine wunderschöne Stadt. Was kann man hier alles entdecken? Gibt es spannende Plätze, Häuser oder Straßen? Welche Farben sind zu sehen? Wie sieht der Himmel aus? Wie groß oder klein ist die Welt tief unten? Was für Geräusche sind zu hören? Kann man Gerüche wahrnehmen?

Für ungefähr zehn Minuten gleiten alle mit dem Ballon durch die Luft und genießen ihre Reise.

Dann kommen sie bewusst zurück in den Raum, aus dem sie gestartet sind.

Alle schauen sich genau um, in welcher Umgebung befinden sie jetzt nach der Reise.

Anschließend erzählen sie von ihrer Reise und malen ein Bild von ihrem Heißluftballon.

Schlusswort

Liebe Kinder, Eltern, Erzieher und Lehrer, ich hoffe, dieses Buch ist eine bewegende Anregung für Spiel und Spaß, zu Hause oder im Unterricht. Ich wünsche den Kindern und Ihnen Freude und kreative Ideen bei der Ausführung meiner Bewegungsvorschläge.

Ich freue mich auf Ihre Meinung zu diesem Buch!

www.carolableis.de

Danke

- Vielen Dank an die Models:
  Laura, Lea, Leonhard und Malizia.
  Sie haben begeistert mitgemacht

- Über Modelagentur: www.modelkids.de

- Vielen Dank an die Fotografin Sandra Eichhorn für
  Fotos und Grafiken
  s.eichhorn-kunst@arcor.de

- Vielen Dank dem Fotografen Holger Simon für das Foto
  vom Heißluftballon

- Vielen Dank an Isabella Marleen Dörries für ihre Mitwirkung
  bei den Phantasiereisen

Die Autorin

Carola Bleis arbeitet seit über zwanzig Jahren als Dozentin für Bewegungstherapien und Massage mit Schwerpunkt ganzheitliche Bewegungsformen. Sie ist ausgebildete Feldenkrais – und Yogalehrerin und unterrichtet unter anderem diese Methoden an unterschiedlichen Institutionen in der Erwachsenenbildung, beispielsweise für Berufsverbände, im Bereich der Physiotherapie u. ä. Sie leitet Weiterbildungen und Seminare. Sie ist Autorin verschiedener Bücher und schreibt Artikel zu den Themen Bewegung, Massage und Wellness für unterschiedliche Verlage, den Verband physikalische Therapie und die regionale Presse.

Herstellung und Verlag:
Books on Demand GmbH, Norderstedt
© Carola Bleis
2. Auflage März 2012
ISBN 978-3-8448-1893-2
http://www.bod.de

Stichwortregister